ABORDAGE

DU NAVIRE DE COMMERCE FRANÇAIS

LA " VILLE DE VICTORIA "

ET DU CUIRASSÉ ANGLAIS

" LE SULTAN "

ABORDAGE

DU NAVIRE DE COMMERCE FRANÇAIS

LA "VILLE DE VICTORIA"

ET DU CUIRASSÉ ANGLAIS

LE "SULTAN"

PAR

M. ÉDOUARD CLUNET

Avocat à la Cour de Paris.

PARIS

MARCHAL ET BILLARD

LIBRAIRES DE LA COUR DE CASSATION

27, *Place Dauphine*

1888

ABORDAGE

DU NAVIRE DE COMMERCE FRANÇAIS

LA " VILLE DE VICTORIA "

ET DU CUIRASSÉ ANGLAIS

" LE SULTAN "

Abordage dans les eaux étrangères entre un navire de guerre et un navire marchand de nationalité différente. — *Questions posées à la Chambre des Communes en Angleterre et à la Chambre des députés en France. — Précédent du navire anglais « Port-gordon » et du navire de l'Etat français « la Caravane » — Proposition d'arbitrage.*
Position juridique : 1º Condition juridique des navires de guerre dans les rapports internationaux ? 2º Tribunal compétent ? 3º Loi à appliquer ? 4º Arbitrage international ?

(France, Angleterre, Portugal).

Affaire de la *Ville de Victoria* et du *Sultan.*

Le 24 décembre 1886, l'escadre anglaise, composée des cuirassés le *Monarch*, le *Minotaur*, l'*Iron Duke*, l'*Agimour* et le *Sultan* était embossée en rade de Lisbonne, dans l'estuaire du Tage.

La *Ville de Victoria*, navire de commerce français, appartenant à la Compagnie des Chargeurs réunis, allant du Havre à Rio de Janeiro avait fait escale à Lisbonne ; elle était amarrée dans le fleuve à la place que le capitaine du port lui avait assignée.

Vers cinq heures du matin, alors que le bâtiment français procédait à des opérations d'embarquement, ayant à bord des passagers et même des officiers de la douane portugaise, la chaîne qui retenait le cuirassé anglais le *Sultan* se brisa ; ce navire fut emporté brusquement sur la *Ville de Victoria* qu'il aborda violemment, brisant de son beaupré les mâtures et les cheminées, et l'éventrant de son éperon. En dix minutes, la *Ville de Victoria* coulait à pic.

Cette collision causa la mort de 22 hommes de l'équipage sur 45 et de 9 passagers sur 19. La valeur de la *Ville de Victoria* et de sa cargaison était d'environ 3 millions et demi.

Quelques jours après, les funérailles des victimes eurent lieu à Lisbonne, au milieu d'un concours immense de population ; au premier rang de la cérémonie figuraient M. Billot, ministre de France en Portugal, et les officiers de l'escadre anglaise. Une enquête fut ouverte. Il parut en résulter que la cause de la collision venait de la rupture d'un maillon de la chaîne d'ancre du cuirassé anglais.

« Dès que la nouvelle de ce sinistre fut parvenue au gouvernement anglais, Lord Salisbury a chargé Lord Lyons, ambassadeur de la Grande-Bretagne à Paris de porter au gouvernement français l'expression de ses profonds regrets. Se plaçant sur le terrain, de l'équité et de l'humanité, Lord Salisbury a proposé au gouvernement français d'attribuer, à titre de provision aux victimes de cet accident, auxquelles leur état de pénurie ne permettrait pas d'attendre le règlement des indemnités à allouer à l'amiable ou l'issue des procès à engager, des allocations alimentaires. Les règles de l'humanité ont été ainsi observées (1). »

Telle était la réponse que Lord Georges Hamilton, premier lord d'amirauté fit publiquement à la Chambre des communes, le 2 août 1887, à une question de M. Gourley, député pour Sunderland, à propos du même fait.

Mais sur le terrain du droit, le gouvernement anglais accueillit avec beaucoup plus de réserve les réclamations françaises. Il objecta que le sinistre était considéré par le Conseil d'amirauté anglaise, consulté sur cet événement, comme le résultat de la force majeure. Le gouvernement anglais ajoutait qu'en tout cas, la responsabilité ne pouvait être dirigée contre le propriétaire du navire, mais seulement contre le capitaine.

Les pourparlers entre les deux gouvernements n'ayant abouti à aucune solution effective, M. Félix Faure, député du Havre adressa à ce sujet, dans la séance de la Chambre des députés du 7 novembre 1887 une question à M. Flourens, ministre des affaires

---

(1) Déclaration de M. Flourens, ministre des affaires étrangères à la Chambre des députés le 7 novembre 1887.

étrangères. Nous venons de donner un extrait de la réponse ministérielle. Le ministre annonçait qu'en présence du refus par l'Angleterre de donner satisfaction aux victimes de l'abordage du 26 décembre 1886, le gouvernement français avait proposé de recourir à la voie d'arbitrage. « L'arbitrage entre de plus en plus, concluait le ministre, dans les habitudes et dans les pratiques du droit international ; je crois que c'est la meilleure solution à donner aux conflits qui s'élèvent entre différentes nations ; c'est le plus propre à sauvegarder les principes du droit et les susceptibilités légitimes des peuples. » M. F. Faure prit acte de ces déclarations et rappela, à titre d'exemple qu'au mois d'août 1887, dans le port du Havre, un navire anglais, *Port Gordon* avait été abordé par le transport de l'Etat français *La Caravane*. « Le *Port Gordon*, dit M. F. Faure à la tribune, ayant subi des avaries, immédiatement et sans attendre les réclamations, l'administration française a fait faire à ses frais toutes les réparations utiles, a attribué aux armateurs anglais une indemnité fort raisonnable, et à fait remorquer le navire anglais jusqu'à Cardiff, port où il devait être chargé pour la Californie. »

M. F. Faure demanda à transformer sa question en interpellation afin de permettre à la Chambre des députés d'exprimer son sentiment par le vote d'un ordre du jour. Le gouvernement ne fit pas d'objection à cette proposition. Néanmoins la Chambre repoussa cette proposition et l'incident fut clos.

Il n'appert pas jusqu'ici que l'Angleterre ait accepté l'arbitrage proposé par la France, et que les questions soulevées par cet abordage ait reçu une solution quelconque. En attendant une issue amiable, que nous souhaitons prompte et favorable, il convient d'examiner l'affaire exclusivement au point de vue juridique.

Point de droit

Différentes catégories d'intéressés ont souffert de cet abordage, et peuvent avoir des poursuites à intenter contre le *Sultan*, auteur présumé responsable du préjudice subi : 1º les victimes ou leurs héritiers ; 2º les armateurs de la *Ville de Victoria* ou leurs assureurs ; 3º les propriétaires de la cargaison ou leurs assureurs.

Au moment d'agir juridiquement, le fait sur lequel se base l'action à intenter se condense en la formule suivante: l'abordage a eu lieu dans des eaux étrangères entre navires de différente nationalité et l'abordeur est un navire de guerre. Et aussitôt apparaît la nécessité de résoudre les questions relatives à la condition judirique des navires de guerre dans les rapports internationaux, à la compétence du tribunal devant qui porter l'action, à la loi à appliquer.

1° Quelle est la condition juridique du navire de guerre dans les rapports internationaux ?

En temps de paix les navires appartenant à un Etat étranger sont exemptés de la juridiction de la nation dont dépendent le port ou les eaux où ils se trouvent. Ce principe est maintenant accepté. On discute seulement la théorie sur laquelle repose cette règle universellement observée.

En est-il ainsi par assimilation aux privilèges accordés aux représentants diplomatiques ou à la fiction juridique qui protège les hôtels qu'ils habitent ? Cette exemption ne s'impose-t-elle pas au contraire à raison de la nature spéciale du navire de guerre ?

Cette seconde opinion nous paraît plus conforme à la réalité des faits. Pour la protection du navire de guerre étranger, il n'est pas besoin de recourir à la fiction d'après laquelle la parcelle du sol national habitée par un représentant étranger est la prolongation symbolique du territoire de la puissance représentée. Il convient de renfermer ces fictions dans le cercle étroit des nécessités qui les ont fait admettre.

Les navires de guerre constituent matériellement une portion de la force armée de l'Etat dont ils relèvent ; ils sont réellement une fraction détachée et flottante de cet Etat. Le commandant qui le dirige est le délégué de la nation dont le pavillon flotte à son mât. C'est bien l'Etat étranger lui-même qui se manifeste sous une forme tangible, capable même de repousser par sa propre force la méconnaissance de son inviolabilité.

Les navires de guerre étrangers participent du privilège de l'exterritorialité, parce qu'à raison de l'indépendance et de la souveraineté de l'État, ils ne peuvent être subordonnés à aucun pouvoir extérieur.

Partagés au sujet des motifs sur lesquels est fondée l'exterritorialité des navires de guerre, les auteurs sont d'accord pour la reconnaître : Ortolan I, p. 186. — Phillimore I, § 344, 346. — Perels, p. 109. — Heffter (éd. Geffcken), Calvo (4e éd. 1887), § 430 et § 474.

A raison de la nationalité du navire abordeur, et du lieu où l'abordage s'est produit, nous nous bornerons à reproduire l'opinion de deux ouvrages très récents l'un anglais, l'autre portugais.

MM. William et Bruce s'expriment ainsi, dans la 2ᵉ édit. de la *Admiralty Practice*, (1886, p. 76) : « La Cour de l'amirauté refusera d'exercer un droit de juridiction sur le navire appartenant à un souverain étranger, parce que l'action contre la propriété est considérée comme une action de nature à rendre responsable le propriétaire en raison de la chose possédée par lui. Accepter une action contre la chose, c'est assumer un droit de juridiction sur le propriétaire de la chose, et les tribunaux de tous les États ont toujours reconnu l'indépendance absolue de toutes les autorités souveraines étrangères. (No juridiction over foreign national vessels.) »

M. Carlos Testa, capitaine de vaisseau de la marine portugaise et professeur à l'École navale de Lisbonne, écrit ce qui suit : « Dans quelles conditions se trouve le navire lorsqu'il est dans les eaux étrangères ? Va-t-il s'établir une incompatibilité entre la juridiction du navire et celle des eaux où il se trouve ? S'élèvera-t-il un conflit de souveraineté ? Y aura-t-il une prédominance de la part de l'une, ou préjudice porté à l'autre ? Les usages internationaux rejettent le doute et c'est une règle constante que pour les navires de guerre, le principe d'exterritorialité est absolu partout, même dans les ports et dans les eaux territoriales d'un autre pays et que ces navires demeurent, pour leur régime intérieur et extérieur soumis seulement aux lois de l'État auquel ils appartiennent. Avec l'État dans les eaux duquel ils se trouvent, ils ont simplement des relations internationales par l'intermédiaire des fonctionnaires compétents de la localité. (Droit public intern. maritime, 1886, p. 86 ; traduct. Boutiron.)

2° Quel est le tribunal compétent pour connaître de l'action à intenter ?

a) *Juridiction portugaise.* Les navires entrés en collision étaient, l'un l'abordeur, « le Sultan » de nationalité anglaise, l'autre « la Ville de Victoria », l'abordé, de nationalité française. L'abordage s'est produit sans doute possible à l'intérieur des eaux portugaises.

Si les deux bâtiments eussent été tous deux des navires de commerce, la juridiction locale eût pu être saisie ; tout au moins des mesures conservatoires telles que l'embargo, la mise à la chaîne eussent pu être ordonnés en faveur de la *Ville de Victoria* contre le *Sultan,* présumé abordeur. Ce dernier navire n'eût recouvré sa liberté que contre le dépôt d'une caution correspondant au dommage éventuel. La somme se trouvant déposée dans une caisse publique de Lisbonne, le débat se serait trouvé naturellement porté devant les autorités judiciaires de cette ville.

M. Flourens, ministre des affaires étrangères envisageant cette hypothèse, disait à la tribune : « Si le navire qui a causé l'avarie avait été un navire de commerce, avons nous fait observer au gouvernement anglais, les autorités françaises auraient pu demander et obtenir que l'embargo fût mis sur le vaisseau auteur de l'avarie, qu'il restât comme garant des indemnités à réclamer au profit des victimes et des réparations civiles dues aux propriétaires, armateurs et assureurs du bâtiment avarié. Alors la poursuite eût été engagée immédiatement devant la juridiction portugaise, dont l'impartialité, puisqu'elle n'appartenait ni à l'une ni à l'autre des nations en cause ne pouvait être suspectée par personne. Cette poursuite aurait eu lieu en présence des témoins de la catastrophe sur le lieu même de l'accident, alors que le souvenir des faits était présent à tous les esprits, en un mot avec un ensemble de garanties que ne pouvaient aucunement obtenir les demandeurs, si on les obligeait à poursuivre leur action devant la juridiction britannique (très bien, très bien). Par conséquent le gouvernement français se trouve moralement engagé à soutenir par la voie diplomatique les intérêts de ses nationaux si gravement compromis et à suppléer par son appui et son énergique intervention à l'insuffisance de garanties qui pourraient résulter pour eux de ce fait que l'auteur de l'accident, étant un navire de guerre, a profité des immunités dont peuvent seuls exciper les navires de guerre (1). »

Mais, ainsi que le ministre le reconnaissait avec raison, aucune mesure conservatoire n'était possible devant la justice portugaise contre le *Sultan*, cuirassé appartenant à la flotte britannique.

Nous venons de voir en effet que les navires de guerre jouissent en pays étranger du bénéfice de l'exterritorialité.

Si la réclamation de la *Ville de Victoria* eut été déférée aux juges portugais, ceux-ci auraient dû d'office se déclarer incompétents.

b) Juridiction française. — Si le *Sultan* avait été un navire de commerce les propriétaires de la *Ville de Victoria* eussent pu se prévaloir à son encontre de l'art. 14 C. civ. qui permet aux Français d'actionner un étranger en France pour les effets d'un

____

(1) Séance de la Chambre des députés du 7 novembre 1887.

contrat passé à l'étranger ou même d'un quasi-délit commis à l'étranger. Dès lors, la saisie du *Sultan* ou de tout autre navire appartenant aux armateurs du *Sultan* eut été possible dans le cas où l'un de ces navires fût, par suite des hasards de la navigation, entré dans un port français. Il eût suffi d'attendre l'occasion. Mais le *Sultan* était navire de guerre, et son propriétaire étant un État étranger, les tribunaux français auraient été incompétents par des motifs analogues à ceux qui mettaient le *Sultan* hors de la juridiction des tribunaux portugais.

c) *Juridiction anglaise.* — Cette juridiction était la seule dont relevait le *Sultan*, car si le principe de l'indépendance des États s'oppose énergiquement à ce que les navires de guerre étrangers soient soumis aux tribunaux locaux, il en résulte que les tribunaux de leur nation ont nécessairement compétence pour les juger. L'État obtient ainsi des juges devant lesquels il peut s'incliner sans abaisser la dignité nationale, puisqu'ils sont les délégués de sa propre souveraineté.

Le droit positif anglais admet d'ailleurs la compétence des cours anglaises pour connaître des actions dirigés contre les navires de l'État, ou les navires de la Reine, ainsi qu'on les nomme (*Queen's Ship*); ajoutons que l'Angleterre ayant le très grand avantage de ne pas posséder la double juridiction parallèle, civile et administrative, la question ne se pose pas de savoir si l'on devra s'adresser aux tribunaux d'exception ou aux tribunaux ordinaires. Les cours de droit commun sont compétentes pour connaître d'une action de cette nature.

3° Quelle est la loi à appliquer et quelles en sont les dispositions ?

Nous venons de voir qu'en cas de responsabilité d'un navire de guerre, les tribunaux de sa nation étaient seuls appelés à la déterminer. L'indépendance des Etats a amené la consécration de cette règle. Les raisons qui ont entraîné cette compétence sont de nature à fixer également le droit applicable au procès. On conclue donc qu'un navire de guerre ne peut être traduit que devant les tribunaux de son pays, et que la loi d'après laquelle il sera jugé sera celle de son pavillon.

Dans l'espèce actuelle, les cours anglaises ont seules compétence pour apprécier la responsabilité du cuirassé anglais, le *Sultan*, et la loi anglaise est appelée seule à en préciser les conséquences civiles et pénales.

La loi anglaise admet le principe de la responsabilité des navire d'Etat s'ils ont causé, par leur faute, un abordage.

Mais cette responsabilité est fort limitée, elle ne remonte pas jusqu'à l'Etat propriétaire du navire en faute ; elle ne dépasse pas le capitaine du navire ou l'officier sous le commandement duquel l'abordage a eu lieu.

« Dans le cas où un dommage a été causé par un navire de la Reine, dit Marsden, la responsabilité légale s'attache seulement à celui qui a immédiatement commis la faute (*to the actual wrong-doer alone*). Si le navire est en fait sous le commandement d'un officier inférieur, le capitaine n'est pas civilement responsable ; non plus le pilote, pour un ordre donné à tort par l'officier qui commande. La nomination de tous les officiers étant l'œuvre du gouvernement, l'officier supérieur n'est pas responsable des actes de ses subordonnés (1). »

La même doctrine est professée par des auteurs considérables.

« Dans le cas de tort ou de dommage causé par des navires de la Reine, disent MM. William et Bruce (2), la responsabilité légale s'attache à l'auteur immédiat du dommage (*to the actual wrong-doer*), et la Cour est incompétente pour connaître d'un procès intenté aux lords de l'amirauté dans le but de les rendre personnellement responsables des dommages causés par l'*improper navigation* d'un navire de la Reine (3). Quand une action est intentée contre le capitaine d'un navire de la Reine, les lords de l'amirauté ont l'habitude de désigner pour le représenter *the admiralty proctor* (4). »

Cet état de législation a été dénoncé par l'Angleterre au Ministre des affaires étrangères de France. « Le gouvernement de la Grande-Bretagne, disait M. Flourens à la Chambre des députés, dans la séance du 7 novembre 1887, a soutenu que d'après les usages qui ont force de loi, de l'autre côté du détroit, en cas d'avaries causées par un abordage et en cas d'accident de mer, l'action doit être intentée, non contre le propriétaire, mais contre le commandant du navire. Il nous a dit que par conséquent ceux qui avaient à poursuivre des réparations civiles ou à réclamer des

---

(1) Marsden, *Collisions at sea*, 2ᵉ édit., London 1885, p. 98. — Même affirmation de principe, *ibid*, p. 65.

(2) William and Bruce's, *Admiralty practice*, 2ᵉ édit., 1886, p. 82.

(3) The Athol, 1. W, Rob. 374.

(4) The Volcano, 2, W. Rob. 337 ; H.-M.-S. Swalow, Swa, 330.

indemnités devaient s'adresser au commandant du vaisseau de guerre britannique qui était prêt à soutenir l'instance. »

On vient de constater que ce point de vue n'est pas arbitraire, il est celui que la jurisprudence et les auteurs anglais ont depuis longtemps affirmé comme l'expression de la loi.

Le Ministre des affaires étrangères de France protestait contre son application à l'espèce : « Le gouvernement français n'a pas accepté et ne pouvait accepter cette thèse. Il a fait observer d'une part que l'avis du conseil de l'amirauté, quelle que soit l'autorité qui puisse s'attacher à cette haute juridiction, n'était en définitive qu'un avis administratif qui ne pouvait avoir le caractère d'une décision émanant d'une autorité judiciaire, qu'il n'était pas opposable aux tiers intéressés, qu'il n'était pas admissible qu'un avis du conseil d'amirauté pût être considéré comme un arrêt définitif rejetant les réclamations des victimes et des autres intéressés, qui n'avaient été devant lui, ni appelés, ni entendus ; que du reste les constatations du Conseil d'amirauté se trouvaient comme le disait toute à l'heure l'honorable M. de Soubeyran en contradiction avec les constatations de l'enquête faite sur les lieux par les autorités compétentes en présence des témoins mêmes de l'accident ; que par conséquent l'avis du conseil d'amirauté, dans la pensée du gouvernement français, ne pouvait pas nous être opposé. »

L'objection du ministre était juste, malheureusement elle ne répondait pas à la véritable difficulté. L'Angleterre ne prétendait pas que l'avis du conseil d'amirauté constituât la chose jugée. Elle n'y attachait elle-même que la valeur d'un simple avis, puisqu'elle annonçait aux intéressés que le capitaine du *Sultan* était prêt à soutenir l'action qu'il plaisait aux intéressés d'ouvrir contre lui devant les tribunaux compétents. La difficulté provenait donc, non de l'opinion émise par le conseil d'amirauté, mais de la législation même, à laquelle l'action des plaignants était menacée de se heurter.

Aussi le ministre français était-il obligé d'examiner l'hypothèse où l'Angleterre offrait aux victimes du *Sultan* de se placer : « En ce qui concerne l'action contre le commandant du navire, nous avons objecté au gouvernement anglais que cette action pourrait et devait être, — étant donné les circonstances de l'affaire — ou entièrement, ou du moins pour une notable partie, complètement illusoire. En effet, ce qui résulte des constatations relevées jusqu'à ce jour par l'enquête, c'est que l'accident est imputable surtout aux vices et aux défectuosités de l'outillage mis à la disposition du commandant du navire anglais. Les tribunaux anglais dont je n'entends en rien suspecter ici l'impartialité, comme tous les tribunaux, en vertu des principes généraux du droit et en vertu de l'universelle équité, ne peuvent pas condamner un commandant pour des faits qui ne sont imputables ni à sa faute, ni à sa négligence (1). »

Il faut reconnaître, et pour d'autres considérations encore, — qui ont leur place dans l'espèce, — que la loi anglaise, est, en cas de dommage causé par un navire d'Etat, singulièrement décevante pour les victimes. Comment, en effet, dans les abordages tels que ceux qui se produisent de nos jours, au préjudice de navires d'une immense valeur, porteurs de cargaisons importantes, la responsabilité pécuniaire d'un simple officier offrirait-elle un recours efficace pour les sommes énormes dont le remboursement est en jeu ? La vérité est que dans la plupart des cas, et surtout dans les plus graves, la réparation n'existera pas.

Ajoutons qu'on n'aperçoit pas le motif de raison qui autorise l'Etat à s'abriter ainsi derrière son serviteur. L'Etat nomme ses officiers, comment n'en répondrait-il pas ? En quoi la position de l'Etat, propriétaire de navires, diffère-t-elle de celle du simple armateur ? Celui-ci est responsable des fautes de son capitaine, comme tout commettant l'est des fautes de son préposé. Cette responsabilité réside dans le principe que chacun répond de son délégué, tout à la fois parce qu'il l'a choisi, et parce que théoriquement, quand le délégué agit dans la limite de ses attributions, c'est exactement comme si le maître était présent et agissait de sa personne.

A *fortiori*, l'Etat devra-t-il être seul responsable, si le mal provient du mauvais état ou des vices du matériel qui est sa propriété, qu'il a acheté ou fabriqué lui-même, et qu'il a charge d'entretenir et de surveiller. Comment concevoir qu'il rejette sur un innocent la conséquence des actes qui lui sont personnels ?

Si en pareille occurence, l'Etat prétend encore mettre entre lui et sa victime une personnalité quelconque pour détourner l'action justement dirigée contre lui, il faudra constater que les règles de la justice sont méconnues et remplacées par l'arbitraire. Il serait

---

(1) M. Flourens, même séance de la Chambre des députés, 7 novembre 1887.

plus digne d'écrire dans la loi, — cela peut être une théorie — que l'Etat est infaillible et irresponsable.

Cependant ces considérations, si justes qu'elles paraissent, ne dénouent pas la difficulté.

L'irresponsabilité de l'Etat en matière d'abordage causé par un navire de la couronne semble être le régime de la loi anglaise. L'Angleterre peut donc objecter qu'elle n'est pas obligée de modifier sa loi, suivant un idéal de justice qui n'est pas le sien ; de faire aux étrangers un sort meilleur qu'à ses propres nationaux ; que si le navire coulé bas par le *Sultan* avait été un navire anglais, au lieu d'être un navire français, le navire anglais n'eût pas obtenu une condition plus favorable ; que quelqu'ait été le nombre des vies perdues et de millions engloutis dans la catastrophe, l'anglais, comme le français, n'aurait eu devant lui pour toute perspective de réparation, que la solde d'un capitaine de vaisseau. Or en droit international, une nation est considérée comme dégagée de toute obligation morale lorsqu'elle assure aux étrangers le traitement des nationaux.

En équité, on pourrait peut être tenir cette réponse pour un peu sèche, mais sur le terrain du droit positif, nous ne voyons pas comment elle serait combattue. Elle risquerait seulement d'amener les autres nations, par mesure de rétorsion, à refuser en fait un recours contre l'Etat aux navires anglais endommagés par un navire de guerre étranger. On sait qu'en dernière analyse, et en dépit de toutes les théories, le commerce international vit de réciprocité.

4° Y a-t-il lieu à un arbitrage international ?

Reste la question de l'arbitrage, c'est la proposition du gouvernement français. Il est naturel que la France, qui se heurte à un état de législation si ingrat pour les victimes du *Sultan*, essaie d'apporter quelque remède à une situation un peu désespérée. La constitution d'un tribunal arbitral dont les membres, affranchis des règles du droit positif, recevraient la mission de statuer à titre d'amiables compositeurs, exclusivement en équité, épargnerait heureusement aux plaignants l'accueil négatif que leur réserve le droit anglais ; mais du côté de l'Angleterre, nous comprenons fort bien les hésitations qu'elle éprouve à s'engager dans cette voie.

Pour nous en rendre compte, il suffit de supposer une espèce inverse de celle que nous examinons. Un navire de guerre français a abordé un navire étranger. Le navire abordé, au moment d'intenter son action contre l'Etat français, trouve que la loi française n'offre pas, en pareille matière, de suffisantes garanties, aux victimes de l'accident ; que l'on est exposé, par exemple à plaider devant des tribunaux administratifs, où l'Etat se trouve à la fois juge et partie, etc. La nation étrangère, à qui appartient le navire abordé, se plaint de cette situation. La France réplique que l'appareil de sa justice, est à la disposition du navire abordé ; que l'Etat est prêt à soutenir l'action de son adversaire ; que le régime fait à l'étranger, est celui-là même qui est imposé à ses nationaux, etc. La nation étrangère, résiste aux séductions de ce tableau enchanteur ; elle demande à la France de déférer le règlement de la question à un arbitrage. La France devra-t-elle accueillir cette proposition ?

Nous répondons non.

Voici nos raisons. L'arbitrage international, n'a en lui-même rien pour nous déplaire. Nous le tenons pour fort recommandable dans la plupart des cas, où ne sont en jeu ni la sécurité, ni l'existence des nations, mais seulement leurs intérêts matériels. Mais quand y a-t-il lieu de recourir à cette procédure exceptionnelle ? c'est lorsque les tribunaux d'aucune des nations en cause n'ont compétence pour trancher le conflit, que le droit positif de l'une des parties n'est pas appelé à fournir nécessairement la solution par préférence à celui de l'autre partie. Tel était le cas du différend entre l'Angleterre et les Etats-Unis, au sujet de l'Alabama ; de l'Espagne et de l'Allemagne, à raison des îles Carolines ; de l'Italie et de la Colombie, à propos de l'arrestation de M. Cerruti, etc.

Mais lorsque, comme dans la contestation qui nous occupe, l'action du demandeur doit être nécessairement portée devant les tribunaux du défendeur, et que la loi de ce dernier, est, nécessairement aussi, appelée à décider de la cause, les raisons de cette procédure exceptionnelle qu'on appelle l'arbitrage international font défaut. Le demandeur n'a-t-il pas ce qu'il est en droit d'exiger de toute nation civilisée, *forum et jus ?*

Un sentiment d'égalité nous fait encore l'adversaire de l'arbitrage dans un cas pareil. Dans l'hypothèse où nous raisonnons d'un navire de guerre français, auteur d'un abordage, supposons encore que l'abordé soit un navire français. Quel genre de recours aura le français, victime de l'accident? La voie ordinaire de juges administratifs, avec leurs inconvénients indéniables, leur tendance à absoudre l'Etat, dont ils sont les fonctionnaires, etc. Bon gré malgré, le français devra se contenter de cette justice. Pourquoi ce qui est bon pour le français ne le serait-il pas pour l'étranger ? Pourquoi alors que celui-là sera réduit à cette juridiction imparfaite, et aux étroitesses du droit positif, accorder à celui-ci une juridiction de privilège, et toutes les facilités du droit équitable ?

Au nom de l'égalité de traitement entre le national et l'étranger, principe qui, tout au moins dans l'âge barbare où nous vivons, apparait comme un idéal de rapports internationaux fort satisfaisant, nous demandons qu'il n'y ait pas deux poids et deux mesures.

Dans le cas hypothétique d'un abordage fautif, par un navire de guerre français, nous serions donc opposés à ce que la France accédât à la proposition d'un arbitrage.

Aussi, encore que cette conclusion nous soit ici défavorable, l'impartialité nous oblige à reconnaître que l'Angleterre a de justes motifs, pour décliner l'arbitrage que nous lui proposons.

Nous avons envisagé les choses juridiquement. L'humanité conseille cependant de relâcher quelque chose de cette rigueur. Les deux hypothèses n'aboutissent pas à des conséquences semblables. Dans le cas d'un abordage par un navire de guerre français, la victime n'est pas désarmée contre l'Etat français : elle peut l'atteindre, à travers la justice administrative, il est vrai, mais on l'a vu quelquefois condamner l'Etat. En Angleterre, au contraire la jurisprudence est formelle, l'Etat échappe à tout recours : les victimes, les armateurs ruinés n'ont en face d'eux que la solde de l'officier commandant le navire abordeur. Le traitement est inégal. L'Etat anglais jouit d'une franchise, nous allions dire d'une impunité, qui semble exorbitante sur le continent.

Il peut convenir à un puissant Etat comme l'Angleterre, de ne pas user de son droit jusqu'à l'extrême limite. Elle le pourrait strictement ; l'Angleterre serait autorisée, selon nous, à se retrancher purement et simplement, derrière sa loi nationale et à décliner toute invitation à l'arbitrage ; mais elle sait que l'abordage du 24 décembre 1886, a laissé derrière lui des victimes, des pertes matérielles considérables ; que ce préjudice est le fait d'un navire portant le pavillon britannique. Elle voudra spontanément, amiablement accorder la plus large réparation possible à ceux qui ont souffert. Nous croyons qu'elle n'a pas été loin de céder à ce sentiment. M. Félix Faure le rappelait à la Chambre des députés : « Des journaux maritimes, et des journaux militaires notamment le *Shipping and mercantile gazette*, l'*Army and Navy gazette*, la *Saint-James gazette*, dont vous connaissez l'autorité, déclaraient que le gouvernement britannique ferait mieux de s'exécuter sans retard, plutôt que de provoquer des contestations qui seraient de nature à amener un malentendu dans les relations des deux pays (1). »

Il reste donc à l'Angleterre la voie de l'indemnité gracieuse et volontaire. Elle est tentante pour la fierté et la générosité d'un grand peuple.

---

(1) Séance de la Chambre des députés du 9 novembre 1887.